바다, 비췻빛에 들다

김정완 제5시집

도서출판 경남

자서

파도가 차르르르 쓸어내리는 학동 흑진주 몽돌해변을 돌아 해금강으로 향한다. 국도변 아래위로 해상국립공원으로 지정된 동백숲 군락이 있어 수많은 동백 잎사귀들 햇빛 반짝이는 길을 간다. 바다로 길게, 긴 목을 뻗어나간 '함목' 정류장에서 차를 내려 북쪽으로 발아래 도장포 마을, 그 고개 위로 띠를 두른 '바람언덕'은 외국 풍경에서 보는 큰 풍차가 바닷바람을 돌리고 있다. 다시 뒤로 돌아 산마루 바라보며 걸어서 산 정상으로 난 도로에 올라선다. 남쪽 끝 언덕의 '신선대'에서 잠시 내가 신선이 된 기분으로 발아래를 내려다본다.

바닷가 큰 바위와 어우러진 기암괴석들, 해금강과 망산 사이의 깊숙이 둥근 만灣으로 들어오는 태평양 물빛과 바람, 은빛 빛꽃들이 눈부시게 출렁이는 빛안개 바다, 수많은 관광객들이 전망대에 올라서서 저 멀리 대소병대도와 망산 바다기슭에 마음 잠기어 그 아름다움에 감탄한다. 대소병대도처럼 옹기종기 고개 끄덕이며 소곤소곤 정다운 이웃으로 한 마음이 된다. 부부 연인 친구들 그리고 어른과 아이, 가족들 흡족한 표정을 사진에 담는다.

발아래 보이는 송도와 '함목' 마을은 만 깊이 햇빛 아늑한 품속, 해송보다 더 고운 연둣빛 바다가 온 하루 어루만져도 암벽들은 그저 초연하기만 하다. 그 부드러운 물살에 마음 더워지는 순간, 잿빛에서 청록빛으로 얼굴 바꾸는 허공의 빛깔과 침묵, 저 무한으로 넓고 끝없는 수평선이 어둠에 흔들리다가 햇빛 아래 환하게 주름살 펴는 길게 펼친 흥감한 적막들. 팔십을 훨씬 넘긴 할머니 굽은 등 같은 세월은 저 바다 물굽이 만灣처럼 둥글게 휘어져 그 모두 말없이 밀려왔다가 말없이 밀려가는 것을…….

2013년 12월 5일
癸巳年 歲暮
빛여울에서 素雲 金貞娩

차례

제3부

제4부

■ 해설

제1부

편안함을 나누고 싶다

내 뜰에 비둘기 한 쌍이 날아와 앉는다

고향에 돌아와
내 마음의 그림처럼 집을 지어
"빛여울"이라 이름 붙였다

아득하게 어스름처럼 찾아와
쉬고 가는 사람들 가슴에
밤바다 불빛으로
밤빛으로
말없이 글썽이는 별밭이고 싶다

새벽 먼동이 붉어오면
바다 햇살의 숨소리 나누고
호젓이 밀린 섬이 되어 떠 있는
내 편안함을 나누고 싶다

묵 상

산그늘에 작은 실개울이 흐른다
이따금 재재거리는 산새들 이야기 무언지 몰라도
초가을 햇빛이 따끈따끈 모여든다
노루 산토끼들의 세월이 건너가는 개울물 속
청정한 산빛을 가득 채워주는 깊은 숲속
도라지꽃 풀꽃 구절초 산삼꽃 귀한 열매 향기
산속 세상 점점이 쟁여진 화룡점정畵龍點睛의
신선神仙의 마음
부서지는 물방울 속에
물결의 지저귐 속에
낮은 곳으로 낮은 곳으로 몸 낮추어 흐르는
물과 산빛 섞이고 싶은
그 모습 비취는 맑은 물소리
언제까지나 어디까지나 흐르고 흘러
십리 한허리 에돌아 돌아 높고 낮은 바위
귀 내린 산짐승의 까만 눈망울의 묵상 속으로
청정한 산빛을 떠안고 흐르는 실개울이 만경萬頃으로 흘러
간다

바다, 비췻빛에 들다

하늘 경계에 들어온 바다호수
내 눈을 붙잡는 옥림의 비췻빛 당신
은빛 광채에 잠든
그 영원 속에 마음의 숨을 죽인 채
벗은 내 마음 그대로 다가가리
내 몸 맨살에 흐르는 비췻빛 촉감이
한 편의 시라면
나는 온몸 바쳐 팽팽히 당겨오리
간밤에 내린 별빛의 영감마저 당겨오리
깊고 깊은 고요를 당겨오리
귓속 물소리 물소리
빛꽃을 타고 넘어
하얀 황홀이 속삭이는 수평선 그 너머
당신과 먼 바다 피안까지 떠돌다가
폭풍의 파도 넘어
빛과 결이 동그란 빛성에 이르러
은빛 빛안개 되리
눈을 뜨면

호수 하늘 내 눈 속에 반짝이리
비췻빛 물든 내 마음 당신을 바라보리
언제나 당신을 바라보리

옥녀봉 마주하여

하늘에 머리 둔 옥녀봉의 순한 능선이
긴 옷자락으로 끌어안은 호수바다
은빛 물결들이 억겁의 흐름을 풀어 접어
내 생이 에돌아 돌아온 길 끝

하늘 바람 물빛 내 이마에 받들어
창문 열면 수런수런 눈앞에 솟구쳐 오른
옥녀봉 그리메 들녘을 감싸 안은 드넓은 천지
산허리마다 까마득하게 내 자잘한 욕망도 꽃이 되어
아스라한 구름바다로 날아간다
매서운 세상바람 산자락이 막아서서
햇빛 가득한 들녘의 바람 발자국 따라
내 어둠 골에 화사한 봄빛을 풀어내려
물 흐르듯 생명 빛이 일렁인다
눈부신 나뭇잎 핏줄이 살 속을 뚫어
환해지는 내 몸속
산과 나 묵중하게 하나 되면
아득한 옛 하늘이 내려온다

잃어버린 마음

가을 비바람 쓸고 간 아침
티끌 한 점 없는 하늘
청靑에서 나온 푸른빛 그 끝이 어디일까
높이 더 높이 올려본다
비워도 무거운 마음
하늘 끝에 매달고
푸르름이 눈부시어
온 하루 나만의 하늘이 넉넉한 깃을 드리워
어진 마음 그대로 바라보아 주는 듯
마음에 찍히는 생동과 우주의 속삭임이
공기의 살갗과 내 살갗이
소용돌이치는 두근거림을 손으로 눌러본다
옥림만을 돌아들어 외로운 슬픔을 둥글게 삭이는
청정한 바다빛이
옥녀봉이 발을 뻗어 바다로 튀어 오른
산 끝 하늘빛이
그늘 없는 영원의 빛으로
가슴에 물들어 천지 앞에 숨결 잊은 채
내 의식 그 맑은 푸른빛

가을 입술

바람이 건드려도 끄덕 않는 수평선에
은빛 물여울 속살 감춘 그 너머
구름문을 흔드는 바람 발자국
그 물결무늬 반짝이네

무량의 바다 은빛 머금고
떠오른 달은 어느덧
실비 내리는 들녘 위로
들녘은 실눈을 뜨네

아득한 내 젊음이 어제인 듯
그 달빛 숨소리 귓가에 맴돌아
잃어버린 세월은
빈 들녘 내 시린 등 언저리로
가을 입술이 더듬어오네

여름과 가을 사이 귀뚜라미 울음
옥녀봉 골 안은 귀를 닫고
바람도 숨을 멈추어
달빛 깨무는 풀벌레 울음소리 갯마을을 흔드네

바다 여명

실비단 하늘의 여명이 번져 오른다
홍조된 하늘 마음 물거울에 풀어내어
물과 빛의 포옹이 애틋한 빛의 섬광들
이른 새벽은
내게 새로운 인기척으로
선명한 마음자리로
나를 붉은 고요에 묻는다
묵묵한 바다에 내 한생이 함께 물들어
선홍빛 황홀로
영혼이 붉어진 물결 속
겨울바다 수평선에
붉은 힘줄을 뻗는 빛줄기
내 처마 끝까지 만조로 차올라
가슴 가득한 찰라의 충만
빛 부시어 눈을 감으면
소리의 속살들이
내 작은 하늘 그 우주 속에 들어온다

단양에서

붓에 혼을 실어 떠돌던
옛 시인
단양 팔경에 발길 머물어
거울 같은 강물 위
옥순봉을
열 번을 가다가 아홉 번 뒤돌아보는
어떤 꿈길의 연둣빛
물의 마음속에
영혼의 애달픔을
고운 주황으로 물들이고
배 하나 떠가는 정중동靜中動을

한번 흘러가 버린
옛 시인의 마음 머금은 물빛
저 푸르름의 깊은 궁륭穹窿 속으로 사라져
붓에 혼을 실은 내 마음도 사라지느니

회사후소繪事後素

비 개인 후 무한대로 맑은 하늘을 언제까지나 바라보고 싶다
잊혀진 기억의 태평양 하늘 위 속 하늘 그 하늘
희고 맑아 불가사의不可思議한 경지 그대로
하늘바탕에 수묵화를 그려 본다
수묵화 묵향이 자욱하게 번지는 여백에
살얼음 반질한 이월의 아침
창 너머 연분홍 매화꽃을 하늘에 상감해본다
천상은 만경萬頃으로 번져가는 보석 밭, 그 황홀을
첫눈이 내리는 설렘으로 바라본다
하늘마음에 떨림의 겹침으로 흰 눈이 내린다
백옥보다 맑고 고운 영혼의 푸른 숨결
궁극의 청정함을 간직하고 싶은 내 정신세계여!!
내 삶의 소이연所以燃인 것을
때 묻어 찌들어든 내 마음
내 의식 속 하늘에 또다시 흰 눈이 내린다
온 세상을 다 덮어 그 허물마저 감싸고 덮어주는
정화되어 맑은 마음바탕을 나는 회사후소繪事後素라 하고 싶다.

낙엽이 가는 길

저무는 가을 낙엽 밟는 생명의 소리
길섶에 움츠리고 있는 몸짓들을
휘몰아 어디로 가고 있을 바람 발자국이
낙엽 밟는 소리

물기 푸른 한때 한여름 녹음 짙은 맑은 숨결이
내 마음에 내리는 초록의 힘이
바람이 불어오는 제 모습을 보여 준다
늦가을 가야 할 길을 내려 묵묵히 가는
낙엽이 가는 길

첫 햇살 수평선에 떠오르며 힘줄 뻗어
내 시詩의 위의威儀를 구름 위 꿈같은 빛살로 풀어
내 한생을 돌아온 풀기 푸른 잎새 하나
저녁노을 설핏한 내 뜰의
마지막을 흔드는 여운으로 낙엽이 가는
낙엽 밟는 소리

길섶에 쌓인 낙엽 속 나의 부재를
생과 사의 길을 바람이 우는
11월의 낙엽보다 더 나약하고 무기력한 지금
낙엽이 가듯이 가는 길
저무는 저녁 길 낙엽 밟는 소리

산마루 바라보다

숲 속 적막이 고요의 몸속에 흐르는 떨림을 본다
옛 선비 바라보다 이름 붙인 망치望峙 산마루
바다정기 빨아 당겨
숲길 잎사귀마다 새소리 풀벌레 소리
그 예리한 울음에 난자당한 가슴들이
산자락 따라 먼 바다에 나가 누워
대양의 물빛 안은 시 한 편이 푸르다
숲의 서늘한 설렘이
길섶 바위에 새기는 정신세계여!
산마루와 바다, 숲의 고요가 내 안을 훑어가듯
한 하늘이 떠나갔다
돌아올 수 없는 길목에서
상사화 붉은빛이 움찔! 흔들린다
삶 속 나이테의 서러움 그대로
등을 내어줄 한 그루 고목의 묵중한 그늘
거쳐 간 응달의 깊이만큼
산 빛에 스민 상사화 붉은 속울음
꿈보다 더 푸른 떨림이 고요의 몸속을 흐르고 있다

눈버들

긴 겨울 지나온 내 울타리에 눈꽃이 소복소복 쌓인다
첫봄 새싹들의 마음 갈피마다
눈물 글썽이는 하루하루 그대로
내 고요 안은 계절의 길목
아직 얼음 풀리지 않은 하늘 눈꽃의
청순함이여!!
눈부시게 봄볕 쏟아 붓는 해의 살들이
쌀밥 수천수만 개 붙인
가지마다 활처럼 휘어들어
비집고 또 비집어 겹겹이 좁혀 앉은
희고 흰 눈버들, 설류화雪柳花여!!
이 봄
지친 영혼의 마음 갈피마다
달빛이 고인 듯
눈꽃이 쌓인 듯
구름꽃 피는 사월 언덕의 눈버들이
가슴에 생명의 등불을 밝혀든다

순백의 몸짓

비 내려 흐느끼는 윤삼월 초하루 부모님의 유택을 열었다
슬프도록 아픈 어둠이 봉분 하늘을 열고 새처럼 날아간다
순백의 소리 없는 몸짓이
욕망과 이기심의 흔적이
이십여 년 깊은 어둠의 적멸寂滅이
내가 손 접어 뉘어드린 눈물 그대로 일어난다
삭아 내린 흰 뼈의 흐트러짐 없이
고요한 암흑이 팽팽한 침묵을 지켜주었을까
소리 없는 단죄의 벽 앞에 어쩔 수 없는 한 생의 업보일까
무덤의 마른 흙 속의
천상의 고요 푸른 새소리 시린 피안길을 본다
존엄한 영의 생전 온기 분골 한 봉지 가슴에 안고 돌아온 고향 선산
이슬에 흠씬 젖은 아침
아침 햇살에 아버지 흐뭇한 표정이 얼비치어
새로 새긴 오석 와비 위로 반기듯 햇빛이 쏟아 내린다
아버지 살아생전 종문宗門에 헌신하신
사람에게 품고 있는 사람의 마음이
다시 피어날 듯 희뿌연 실안개로 아른거린다

묘원 앞 한산섬 바다를 썰물이 끌어가면 밀물이 밀고 오듯이
화창한 새봄 매화 살구꽃 다시 피어나듯이
부모님의 환생을 비는 내 마음
순백의 소리 없는 몸짓을 흙으로 덮는다

천지자만물지역여天地者萬物之逆旅*
몇 억겁으로 천지 허공의 여인숙에 떠돌아야 할까*

* 이태백의 시 〈춘야연도리원서春夜宴挑李園序〉에서 인용.

거제도

빛안개 눈부신 천리 섬 둘레
묵상에 잠긴 소금꽃 줄을 당겨 순백이 생명을 키운다
동녘 끝 외도의 천길 벼랑허리 휘감아 부서지는 파도
쉼 없이 옥구슬 쓸어내려 영겁의 뿌리를 이어준다
열대식물 푸른 생기를 지나 조각공원
우윳빛 매끄러운 여인 몸 그 눈빛을 지나 전망대에 오른다

한눈에 대마도를 끌어당겨 노략질당한 시간을 삼킨 갈곶이여 끝
해금강의 삼신산 불로초 찾아 삼천 동자동녀 밟고 간
서불과차徐市過此글씨 진시황의 젖은 욕망을 지우는 파도
원시의 몸짓이 십자로 뚫은 동굴의 하늘 약수 방울방울
영롱한 벼랑 몰래 숨 붙인 풍란 향기
어느 마음 색깔의 팔색조 울음 귀 세운 바다의 금강

해안선을 북으로 돌아 옥포대첩기념공원
성웅 이순신 모신 참배단 솔숲에 솜처럼 눈이 내려 고개 숙이고
새소리도 한 음 나직이 지저귄다

나라를 구한 첫 함성 그 메아리 팔랑포八浪浦 언덕을 돌아

그 파도 밀려드는 옥포만 요란한 쇳소리 쇳물로 혼을 이은 몸들이
세계 바다에 빛살 뻗어내어 자랑스런 두 조선소 자리잡은
"거제巨濟" 이름 그대로 크게 구하는 섬

내 스물의 전란은 아득히 먼 옛날
멸치 황금어장의 붉은 선왕깃발 펄럭이던 풍요의 바다
대가없이 주는 어머니 품 같은 훈훈한 바다 기슭 계룡산 자락에
17만 포로와 피난민을 안아드려 한겨울 나누며 살아낸 마음 따뜻한 고장
하늘이 무너져 억울한 원혼들의 울음이 그 잿빛 설움을 펼쳐놓은
6 · 25 전쟁 포로수용소 유적지의 핏빛 노을을 뒤로

서녘 산방산 자락 방하리 청마의 팔대조 살아온 생가와 선산묘소

"파도야 어쩌란 말이냐" 소리하지 않는 바위의 함묵을 그
드높은 시혼을
유치환 묘소 금빛 흉상의 빛나는 고요를
솔숲의 뭇새 소리 떼지어 지저귄다

남쪽으로 바다 어깨에 나란히 둘러선 크고 작은 섬 다도해
바람 따라 태평양 몸빛 물빛 바뀌는 바다의 절경

거제巨濟 이름 그대로 크게 구하는 거제도

제2부

시의 하늘

새벽안개 자욱한 뜰에서
한 송이 꽃처럼
열려 있는 이 마음 그냥 그대로
비어 있는 마음 그대로 홀로 서리다

햇살은 그토록 눈부시어도
꽃이슬 맺혀 있듯이
그리운 사랑 있듯이
나 있는 그대로 남겨두리다

하늘이 맑아 푸르른 그리움
보채는 물결 밤새워 부서지듯이
나만의 하늘 그 하늘 아래
그냥 호젓이 부서지리다

빛여울

나뭇잎들이 허공의 벼랑을 내리는 어느 날
바람도 그냥 지나지 않아
뒷산이 어깨로 감싸주어 좀 더 훈훈한 내 품
새소리 바람 소리 바위와 송죽매
천여 묘목 모두가 내 벗
나무숲 숨결이 고요 위에 깔리어
새벽 기의 알갱이 점점이 싱그러운
하늘바다 햇빛이 흐뭇한 한려수도
마음 갈피마다 스며드는 물빛 틈 사이
아무도 알 수 없는
세상에 오는 새로운 말들과
내 마음 뜨락의 풀숲 속 하루
옥림만 저녁노을 호젓하여도
밤하늘 뭇별이 내려 별빛과 더불어 꿈꾸는
내 꿈이 황홀한 빛여울이여

시월의 만월滿月을 보며

기울지 않은 우주 하나
검푸른 하늘에서 나를 내려본다
여 끝과 여 끝 사이 바다에서 떠올라
호수 바다 하나 가득 은빛 풀어내려
바람 기척의 깊은 꿈속
먼 옛날과 지금 다름없는 밤바다의 은빛 여울
내 한 시절 지나도 빛나던 한때도
물결 속 내 꿈이 꿈틀거리고
화사한 꿈길이 거기 있어 보고 또 보고 싶어진다
바깥 마루에 나가 선 내 그리움
달빛은 살포시 내 어깨를 누른다
어스름이 오죽 댓잎을 흔들어 서걱서걱
죽영소계진부동竹影掃階塵不動
대나무 그림자가 섬돌을 쓸어도 티끌 하나 일지 않고
월천담저수무흔月穿潭底水無痕
달빛이 못물을 꿰뚫어도 물 위에 흔적 하나 남지 않네
옛 시인의 이한시의 정적과 고요가 여기에 있어
하늘 바다 달밤은 내게로 오는 또 다른 우주
그 눈부신 현란함에 가슴이 술렁이네

새벽 눈

남녘의 삼월에 함박눈이 내린다
눈발이 눈주렴을 흔들어
어른거리는 하늘 바다 경계를 지우고
높고 낮은 삶을 묻어버린다

새벽 침묵 언저리 어둠을 밀어내어
희고 투명한 마음 하늘에 눈발이 붐빈다
묻히고 지워진 세상 바깥
발자국 없는 순백을 묻어버린다

홍매화 갓 솟아오른 꽃망울이 움찔! 멈추어
내 마음 살갗 점점이 사뿐거리는
새벽하늘 고요를 휘몰아 눈꽃 지는 소리
눈꽃과 나의 설렘, 적멸을 묻어버린다

동백꽃이 벙그는 지금

남녘 바닷가 눈 내린 하얀 겨울 길목
동백 꽃잎마다 묻어나는 선홍빛 황홀로
바다는 흰 거품 물고 땡벌처럼 달려든다
기름 반질반질한 잎사귀들이 하늘을 가려
지천으로 키운 붉은 순절을
살을 베는 된바람이 몹시도 흔든다
겹겹으로 여민 가슴의 욱신거리는 멍울멍울
자연의 허파 속에서
호젓이 숨소리 움켜쥐고 울먹이다가
풋풋한 속살 점점이 붉혀
핏줄 일으켜 터지는 토혈일까?
동백 숲 타는 불꽃이
내 마음 불태우고
뚝뚝 저 내리는 슬픈 정한의 꽃
고운 얼굴 선명한 빛깔 그대로
한 생을 내려놓는 서글픔이여!!

춘희椿姬

내 회상의 길목 비운의 비올레타여

침묵의 기다림

뒤뜰에 한 줄로 심은 홍가시나무 울타리
내 등의 시린 바람을 막아선 사 년의 세월
이른 봄이면 빨간 새순들이 어린 키를 높이높이 뻗어
정원사의 톱날이 나뭇가지를 잘라낸다
큰 몸이 되려는 야생 언덕의 아픔
매화 모과 대추 무화과
뒤뜰 식구들 한참 물오른 팔이 잘리는 찰나 나도 어깨가 저려온다
앞뜰 설류화 앵두 살구 벚나무 키 큰 목련 우두머리가
톱날 쇳소리 사이로 나무의 나이테가 여러 세상을 지나간다
내가 쏟아온 정성마저 지나가버린다
한순간에 둥지 헐린 새떼 울음이 잘린 여름의 둘레를 맴돈다
잘린 잎사귀들 살 끝 말아 들이는 아픔을 여치 푸른 울음소리
자지러지는 내 품
가을 햇빛 부신 정원 한가운데 맵시 다듬은 소나무 한 그루
소리 없는 몸짓으로 푸른 적막 속에 선다
잘라진 아픔도 지나가고 바람도 지나간다 그처럼
기나긴 여운을 남긴 내 귓가에 무럭무럭 나무 자라는 소리 들린다

옛것과 새것

새벽하늘 수평선에 돌아온 빛살
우주의 생태 숲에서 머물다 서서히 힘줄 뻗어
동쪽 하늘은 핏빛으로 열린다
해묵은 고목에도 파란 새잎 새싹이 돌아온 새것

뼈 시린 절정이 묵음默吟인 연륜의 무게에 곰삭은
붉은 여명은
삶의 염원 그 나름의 가치와 설렘으로
하늘 몸에 돌아온 옛것

옛 선인들의 지혜의 샘은 푸른 은하수처럼
옥림만 청정바다에 붉은 하늘이 돈다
그 눈부신 반짝임은 세상을 밝히는 빛으로
옛것과 새것이 하나로 돈다
바다 위 동그랗게 은빛 황홀이 실타래를 풀어
옛것과 새것이 함께 풀어내는 찰나 순생純生으로 돌아온다

영혼이 맑은 첫새벽
간절한 묵음이듯 옛것과 새것이
맑고 푸른 순생의 숲으로 돌아온다

간이역 길가에서

새벽 달빛을 등에 지고 눈 쌓인 순백 위의 내 발자국
한밤 바람의 시린 살결에도 푸른 별빛의 눈짓에도
내 목마름은 더욱더 뜨거웠다
사십 년 전
그 시대의 가난은 명치끝이 아려오는
언제나 가파른 그냥 그 자리
절망을 넘어 그 너머
막다른 골목을 들어오는 밤 열차의 빈칸
기댈 곳 없는 그리움이
잠시 머물던 간이역 기적 소리 아득하게
암흑이 물컹 만져지는 캄캄한 길목
유월 줄장미 붉게 피우던 내 긴 울타리 세월 속에 사라지고
한 잎 이슬인 들풀의 숨결처럼 촛불은 잦아들어도
별빛 푸른 폐허의 초가지붕에
자리잡은 아기 박처럼
내 아이들 어린 몸 키워온 아름다운 슬픔
옛 창원역
내 삶의 간이역이여!!

성 묘

한식이 지난 지 한 달
따뜻한 햇볕 청명한 바람 머무르다가
노오란 애기 풀꽃 피워놓은
아버지 가슴의 잡초를 당겨본다
장백산 줄기 송강松江에 담긴 어린 날들이
광야를 휘몰던 눈바람 거쳐 온 멀어진 기억들이
긴 뿌리를 달고 지긋이 따라온다
노오란 햇살을 뚫고 잡초 뽑는 내 손을 타고 당겨오는
아버지의 세상
낯설은 이웃에 잠드신 긴 함묵을 새가 운다
슬픈 새소리 불운한 시대의 한을 담았을까
나라 잃은 서러운 가난이
내 명치끝 멍울 하나로 남아
내 마음을 덮는다

노오란 애기 풀꽃 고개 흔들어 그 아쉬운 눈빛이 따라온다

해운대*

바닷가 방안 한 벽 거울에 바다가 들어온다
유리벽으로 먼 수평선이 밀려오는 우짖음이
비인 밤을 채워준다
하늘이 들어온다
달빛 따라 백년 시공을 넘어오는
고운*의 서슬 푸른 발길이
세상에 그의 학문이
그 쓸모없음을
한 걸음 한 걸음
내 바다 여린 살결에 낙인烙印을 찍는다

밤은 가고 아침 햇빛이 힘줄을 뻗는 망망대해
백년 해송 한 그루
묵묵한 최치원의 바다
그 바다
빛안개에 함몰된
그가 석각한 해운대海雲臺
반석의 대臺에 고요의 결핍을 새겼을까?
가고 또 가는 파도의 슬픈 기억을

부딪고 부딪쳐 희게 쓸어가도
방안 한 벽 거울 속 치솟는
그 아쉬움이여!!

*천년 전 최치원崔致遠이 그의 학문이 쓸모없어지자 가야산으로 가는 입산 길에 이곳을 지나다가, 주변의 자연 경관이 너무도 아름다워 동백섬 바닷가 바위 반석에 대臺를 쌓아, 바다와 구름, 달과 산을 음미하며 비경에 심취한 그가 그의 아호 해운海雲을 석각한 해운대海雲臺, 그 후 이곳 지명을 해운대라 부르게 되었다고 한다. 그는 지금도 그의 아호 해운海雲으로 살아 있다.

나비의 첫 춤

십리 천수변은 유채꽃 바다
꽃술에 입술 묻고 숨죽인 격랑 속
찰나의 가녀린 목숨들이
껍질을 벗고 꼭꼭 접었다 펴는
얇은 모시날개에 애처로운 삶을 얹어
단숨에 하늘을 날아오르는 첫 날갯짓 눈부시어
잠시 눈을 감는다
어둠 속 비늘이 보오얀 바라춤바다
천년을 서러워도 타오르는 불꽃을 누르고
미혹迷惑을 벗어 나온 니르바나 경지일까?
나비의 날갯짓이 먼 곳에 폭풍을 일으키는
지금 너무나 고요하다
해맑고 청순한 호소들이
내 마음 이랑을 열어 팔랑팔랑 날아오른다

밤바다의 달

바다의 달빛
살포시 내 등을 누르는
달빛 소나기

물의 마음을 스치는
달의 숨소리
바람의 빛깔 소리

밤바다 질박한 속살 피워
빛결 안은 호수바다
달빛 기울도록 물결무늬 반짝인다

어린 날 내가 살아온
시간의 여울을 두 손으로 떠올려
은빛에 함몰되어
들어본 달빛 숨소리
마음에 머금은 그 달빛 숨소리

운평선에서 본 남극

수평선 몇 개를 넘어 물빛 푸른 남극의 하늘에서 검게 잠든 대지를 내려본다
검은 대지는 붉은 피가 돌고 하늘에서 보는 하늘이 열린다
검붉은 빛줄기 온 천지를 끌어당기며
어느 시인이 이름 붙인 운평선雲平線으로 태양이 솟아오른다
너무도 힘찬 광경에 대지의 검은 눈꺼풀이 잠을 거둔다
새벽 여명이 이토록 힘찬 하루 이토록 넓은 천지 어디를 둘러보아도
나 혼자 하늘 그 위 하늘 구름 테두리를 밟아본다
발아래 푸른 대양이 어디로인지 밀려갔다 밀려오는 끝없는 순환의 섭리
나는 어디에서 왔을까 하고……

내 억새 밭에서

액자 속에 무리 지어 피어 있는 내 억새밭은 나를 푸근히 안아들인다
푹신하다 그 속 들국화 꽃들이 내가 뛰어든 생존의 터전에서
세상 그 자리에 할퀴어 달아오른 내 몸 서늘하게 식혀준다
보랏빛 향이 내려 내 방은 국화 향기로 진동한다
비로소 느긋하게 햇살 한 자락 붙든다
햇살 따라온 바람이 국화 향을 떨어뜨린다
바람 타고 온 풀씨들이 내 마음 빈터에 내려앉는다
내가 마음 비운 자리 그 소중한 자리
어느새 절기도 없이 얼굴 내밀어 보이려 한다
나만의 꽃과 나무를 가꾸고
마음 기댈 소나무 한 그루 크게 키우려면
작은 마음자리를 비워놓아야지
또다시 내 빈 서재에 내가 비워도 오후의 햇살 한 줄기
머뭇거리며 액자 속 무리 진 내 억새밭을 어루만져 지나갈 것이다

제3부

프리덤 파이트*

마지막 성지의 길목에서 간디를 만난다
프리덤 파이트
화강암 배
선두에 선 간디!
지팡이 짚은 굽은 허리 가는 맨 다리
핏발 선 그 눈빛
조용한 가슴에는 흙먼지 하늘 너머 파아란 하늘이 있어
스물넷에 불끈 쥔 맨주먹으로 피 밭을 걸어서 이른 아홉
가슴 도처의 생채기들이
어둠의 큰 파도 한 덩어리 밀려든다
마른 가을 잎이 그 영혼 맴돌다가
내 가슴 깊은 우물에 떨어진다
맨발 군중들 눈물로 기어서 가는 길
나도 모르게 허리 굽혀 맨발로 따라간다
마지막 성지의 불꽃 타오르고
간디를 잃어 영원한 회기의 1월은
슬픔이 주름 깊은 1월
인도양 붉은 노을처럼 그들 가슴에 배어든

간디!! 가슴의 갈증 태우는 경외敬畏의 모닥불
하늘 가득 빛줄기 울고 있었다

*비폭력 비 살생의 진리와 사랑의 힌두교 중심사상으로 간디의 저항 정신을 담은 기념비 프리덤 파이트.

동백꽃

한겨울 바람 길목
동백꽃이여
꺼져가는 별들이 스치어
휘몰아치는 섬 기슭 된바람이
아무도 아직 눈길 주지 않은
열일곱 앳된 가슴 꽃망울 흔들어
가슴의 멍울멍울 욱신거림이
점점이 불꽃으로 번져
초조한 마음 숨죽이고
막연한 기다림을 아울지 못한 사랑
한꺼번에 쏟아낸 붉은 그리움

가슴 붉어져 성숙해진 날
툭툭 내려놓은
가장 고운 모습 그대로
얼어드는 서글픈 소리의 살결들

그 고운 슬픔
선홍빛 소멸의 울림이여!!

삶의 종언終焉을 위하여

오! 벗이여 그대 희고 맑아
달빛처럼 깊고 오묘한 세계
문인화 수묵 전시회는
그대의 삶이 그대로 녹아 있어
이슬이 촉촉한 아침을 만날듯
찬물에 세수한 갓 스물의 얼굴과
그 순간이 그리움으로 숨 쉬는 세계
그 내면세계를 본다

섬세하고 아름다운 그 진실
뼈와 뼈 사이에 내리는 첫눈 같은 설렘으로
사색 속의 궁리와 대답의 한숨은
우리 삶의 소이연所以然인 것을
차고 맑은 영혼을 지니고
생의 혼돈을 고독으로 쌓아온 속俗과 성聖의 사이
마지막을 불태우는 저녁 노을빛의 간절함이여!!
살 날보다 살아온 날이 더 많은 우리
오! 벗이여
그대 궁극의 그 모습
흐고 맑은 내면세계를 보는 그 모습

Ventura 해변에서

태평양 기슭의 선인장 언덕에서
한바다 위를 바라본다
하얀 쪽배 깜박이는 가쁜 숨결이
햇살 위에 솟아오른다

노을빛 파도 차례로 부서져
황홀한 꿈을 휘감아 밀려드는 파도와 바람
멀리 나가 누운 용암 잔등에 머물고
잔등 뒤에 감쪽같이 숨은 호수는 숨이 멎었다

두 팔로 호수 허리 껴안은 언덕은
연둣빛 넓은 치마폭 속에서
손가락 통통하게 물올라
꾀비치는 마디마디 진분홍 촛불을 받들었다

목마름 잊은 선인장 언덕의 Ventura 해변
눈이 시린 푸르름은
우주를 한가슴에 품어안았다

새벽 하늘

절벽 너머 낙엽 속 솔숲 얼음꽃
서리 안개 자욱한 소나무 등에 진 하늘
어느 바람자락 없이 맑은 숨을 멈춘 산
새벽 파아란 별빛 아래 잠든 축축한 몽환 속
삶의 끈이 풀벌레 울음 잦아든 마른 풀숲으로 이어져
무서리 얼음 옷이 바작바작 부스러진다
공空의 세계로 새는 마음 끝 날갯짓하며 넘나드는 긴 하늘
길에
제 잎이 무성하게 물기 출렁거리던 날
언제인지 모르게 만들어놓은 고통의 둘레를 돌아
바위틈에 뿌리내린 잃어버린 시간 사이
크고 작은 업을 지고
나뭇가지에 앉아 피워낸 얼음 꽃
힘겨운 영혼이 무한을 떠돌다 걸친
그 등에 진 새벽 하늘 먼동이
얼음꽃 속에
만다라의 빛으로 붉게 어리어든다

비트로시스

"풍기" 폐교된 교실에서 산삼차 한 잔 마신다
깊은 더 깊은 산 유현幽玄의 몸속 백이십 년
산삼山蔘
토막 토막 보오얀 콩알들이
엄마 자궁인 양 스무 달 작은 생명이 복제된다
생물반응기로 이사 온 하얀 꽃들
물을 따라 돌며 사지를 조금씩 뻗는 내 몸
겉도 안도 아닌 우주여행 중
깊은 산의 흙과 바람 햇빛 없어도 유유자적悠悠自適하다
하루에도 몇 번 계절이 바뀌어
잠자고 꿈꾸어 은하수가 내 머릿속으로 흘러
한순간 추워서 떨고
한순간 더워서 눈을 뜨면
봄이 오고 겨울이 온다
등불이 켜지는 노을 저녁
어지러워 휘청휘청 속는 줄 모르는
손이 기억하다
백년 산새 소리 풀벌레 소리 풀꽃 몸짓 말소리
그 안의 수런거림이 바깥으로 귀를 연다

신선神仙의 희고 긴 수염을 휘날려 영묘함이 가득한 우주
빨간 삼꽃이 피어나고
"심봤다 심봤다"
나는 가슴의 우레를 토해낸다

*비트로시스 : 생명공학기술 중 생물반응기를 이용하여 식물 세포, 조직 및 기관 대량 배양 기술연구소 이름.

루미나리에

선달 한 겨울밤 천계천 폭포의 슬픈 강물의
수정 덩어리 휘감는 물소리를 건너
금기둥의 열 개 문을 지나
갤러리아 빛의 터널을 빠져나온다
에메랄드 루비 깜박이는
원형 마름모 빛무리들이 어둠을 삼켜버린 궁전
장음하고 화려한 파사드 신神의 솜씨일까
천상의 불빛 밝혀놓은 정신의 가치일까?
고전 문양 조각 건축물이
칠흑 같은 마음을 깜박거린다
빛이 어둠을 삼키면 어둠은 빛을 품는다
깊은 의미를 껴입은 검은 밤
쏟아져 내려온 별무리가 나뭇가지에 까무라친 꽃불들의
금빛 빛살의 파문들
가난으로 들풀보다 연약한 등 시린 그들에게
따뜻한 나눔, 그 나눔의 빛
"루미나리에"
금빛 빛의 바다 그 눈부신 서울 하늘은 온정의 빛이 파도
치고 있다

먼 별 하나의 눈짓

아득하게 가물거리며 별 하나 내게로 온다
추운 겨울밤 내 가슴에 와 닿는 별과 나
내 눈을 부비며 찾는
그 별은 경계를 넘어 너무나 멀리 있다.
겨울 밤하늘 별은 유난히 작고 애처롭다.
천지사방 차가운 수묵水墨으로 젖어
텅 빈 어둠 속에
청명산은 잠들어
내 기대고 싶은 언덕은 등이 시리다
한때 시마詩魔에 이끌려 방황하던
남극南極이 지금 저 별빛 속에 보인다.

별 하나의 눈짓이
가슴을 저미는
별 하나의 눈짓

기억 속 얼룩

대양의 하늘 너머 캘리포니아 대륙
수평선에 먼동이 빚는 무한대 속으로
한겨울 길섶을 붉게 꽃 피우는 행운의 땅에 내린다
막내의 집
잔디 뜰의 분수가 뿜어내는 물안개에 무지개가 선다
내 아픈 기억 속 막내는 겨우 네 살이었다 그때
사십의 내 앞길은 낭떠러지
등허리 휘는 사과나무로 일어섰다
네 살 앓는 아이 집에 혼자 두고 나와
가여워 가여워도 눈 돌릴 틈 없어 마지막이란 말에도 나는 서러웠다
새벽하늘의 금빛 그믐달이 지켜보는 길
다섯 아이 초롱초롱한 눈빛이 저문 밤길 수많은 별빛으로 밝혀 주는 길
망초꽃 몰래 흔들리는 저녁 붉새 짙어져 내일이 쨍쨍한 들판에
하늘도 내려놓고 꿈도 내려놓아도 무거운 내 어깨
칠순의 아버지 대들보 되어 떠받쳐 주시고
어머니 품은 산을 덮는 밤꽃 보다 푸근했다

언제나 길은 열리어 아이들이 대학에 들어가서
작은 어깨 작은 손을 내밀어주어 드디어 셋째가 기둥으로 일어섰다
밑바닥의 자존과 수치를 누르던 내 가슴의 얼룩 한 자락
광활한 대양의 물안개에 흩어 버리고
눈부신 햇빛 아래 이제는 부산할 일 없어
휘파람새 우는 숲에 들면 잎새 하나의 떨림에도 가슴이 젖는다

베네치아의 일몰

창가에 비 내리는 날
도밍고의 "남 몰래 흐르는 눈물"이
내 마음에 흐른다
십육 층 창가에서 내려다보는
숲에도 세상의 검은 눈물인 양 비가 내린다
자동차 행렬이 주춤거리는
안개 속 신갈호수
푸른 물빛을 한순간에 벌건 흙탕물이 잠식한다
물풀 뿌리 휘청휘청 휘감으며
힘없는 가난의 목마름이 떠밀려
헐벗은 상념들이 함몰되는 "바다 이야기"
세상이 어지럽다

한순간 고향 바다가 보고 싶어진다
내 몽환 속 베네치아의 고운 일몰日沒은
그 붉은 아우성으로
해 울음이 타는 바다
갯바위 굴 껍질에 붙은 내 귀 울음
수천의 파도 소리 점점 더 깊어진다

풍경의희사거년風景依稀似去年
풍경은 변함없이 그대로인데……
흙탕물에 물풀처럼 휘말리는 "바다이야기"
그 슬픈 가난을 보고 있다

하늘 숨결

하늘의 숨결이 순백의 설원에서
어른어른 그 영원 속에
내린다

하늘과 바다
산과 길 다 지우고 이심전심
눈발이 내게로 와서 눈꽃을 피운다

모든 허물 다 지우려
오는 발자국 소리
세상을 다 지우고
한 삶을 지우고는
겨울 끝자락이
내 뜰에 피우는 희고 흰 설유화
내 울타리 안의 하늘 숨결 눈버들이여

조상님 이루어놓은 터전에서

신라국 계림에 탄강誕降하신 신화 속의 시조
관조 파조 역사 속에 명예로운
불의에 맞선 사육신 그 정절 청사에 빛나고 있다

후손들의 삶은 어둠 속 침묵을 지켜
4백 년 전 거제도에 이주하신 입향조
떼집에서 야윈 터전을 이루어
후손 그 터전을 세운 오늘
여덟 종반이 형성 번창되어
백구십구 위를 뫼신 백운제는 우리의 뿌리

1644년 달마공 귀천하시어 이곳 영등 영면의 터전은
조상이 이루어주신 선산
산방산이 등을 받쳐 좌청룡 우백호로
그 명당 저녁 노을빛 바다를 본다
영혼의 안식처로 영원한 후손의 쉼터로
선조님의 그 음덕을 기려 하량 없는 경외와 숭모崇慕의 정을
바치는 공원묘원.

제4부

가을 들녘

들국화 맨살 속을 어지럽게 흔들고는
들풀 속을 드나들다가
먼 들 끝으로 멀어지는 바람 소리
바람에 묻어나는 보랏빛
새들의 힘찬 날갯짓도 멀어져 간다
돌아보면 어제 같은 내일
이 허허로움 낯설어도
삶의 무거운 짐 부린
비우고도 넉넉한 들녘의 숨소리
파랗게 무서리를 들썩인다
단풍 불붙어 할딱이며 뒹구는 산그늘로
햇볕은 언제인지 비켜가고
등이 시려운 들녘
갈대 꽃 무리 살 부비는 군바위골
가을이 지날 때
한 해 한 해
나를 놓아버려
좀 더 헐거워져 간다

거울 속 바다

구름 한 조각이 떠오는 듯
수천 년 밀려오는 바다의 노래
한밤을 기원하듯 내 마음 채워준다
파도의 속살 이지러지는 스무 날 달빛
달빛을 손안에 넣을 수는 없어도
밤새도록
흐르는 달그림자 내 귓전에서 출렁인다
수평선을 베고 잠들어
바다 물속 잠에서 눈뜬 아침
햇빛이 하늘 틈새를 밀고 힘줄을 뿌린 바다 한 덩어리
뜨거운 불꽃이 유리창을 넘어온 대양
방 안 거울은 빛안개 속
썰물에서 밀물까지 남빛 설움을 감추고 울먹이던
옛 선비 그 마음 던진 그 바다
거울 속 긴 수평선이 이울지 못한 꿈으로
바다 하늘을 출렁이고 있다

국경 철교 침목을 밟으면서

북쪽 하늘의 별 하나와 나

멈출 수 없는 방황은 중국으로 향한다
대륙의 여름 하얼빈에서
나른한 오후 열차를 타고 하룻밤을 달린다
드넓은 대륙이 잠든 사이
지평선으로 이어진
옥수수 밭이랑을 열차 꼬리에 끌고 달린다
끝없이 달려온 중국 집안시와 북한 만포
압록강 국경을 이은 조중 철교 침목을 밟아간다
거기에서 살던 어린 나와 만난다
아버지 손잡은 어린 나는
삶과 죽음의 공포에 떨고 있다
8 · 15 해방의 무법천지를
압록강 국경 철교의 침목을 밟아 내려온
꿈같은 꿈이 수묵으로 젖는 찰나
나는 수원 청명산 어둠 속에 서 있다

다시 한 번 밤하늘의 별 하나 내 시린 가슴에 품어 안는다

퀸스타운의 자정

뉴질랜드 퀸스타운 바닷가에 선다
2002년 새해 자정子正 현란한 불꽃놀이를 본다
나는 끝없는 욕망을 검은 하늘에 펼치며 새해를 맞이한다
모두가 숨죽여 폭발하는 불꽃을 향한 한마음
하늘은 불꽃으로 가득하고
사람들은 불야성 속에 뜨겁게 하나가 된다
바닷가에는 사람의 성을 이루어
젊음의 물결이 파도를 치며 떠밀고 또 떠밀려간다
나 또한 남극의 정열에 뜨겁게 휘말려간다
가슴의 울기 하늘에 퍼지는 불꽃에 날아가고
밀물처럼 밀려 들어오는 평정
퀸스타운의 자정子正 2002년이 열린다

빈 길목에서

햇살이 창문을 비켜가고 있는 오후
내 책꽂이에 숨이 멈춘 지난날들을 들추어 본다
갑자기 책 속의 나무숲이 가슴을 열고 수런수런 내려온다
절기에 순응하는 나뭇잎의 발간 빛깔과 몸짓
하늘이 비추어 더욱 선명하다
잎새에 이는 바람을 타고 세상 무늬 한 무리 지나간다
가슴 언저리 바람 떠난 그 자리
단풍잎이 배어 지워지지 않는 어젯밤 달빛이 고여든다
내 한 생이 물든 낙엽도 함께 지고 있는 산기슭
빈 길목 잎새 하나 바람이 흔들어도 삶을 놓지 못한다

달맞이 언덕

낮은 산허리 오르고 내리고

밤의 기척이 목 놓은

내 뜰의 고요

별 하나 기울어

코스모스 긴 목에 볼을 부빈다

슬프도록 맑고 고운 떨림이 발돋움하고

희고 붉은 가슴을 열어주는

달맞이 언덕

흰 옷자락의 투신

산은 그 자리
가슴을 훑어가는 구름이 장막을 치며 몸 부비고 다가선다
절벽은 언제나 안개에 감기어
나무들이 바위틈에 뿌리내린 세월의 이끼가 푸르다
멀리서 마주보는 절벽들의 한세상 살아온 눈물자국일까
정갈한 서원은 빛나는 떨림으로
절벽 가슴 골골이 가득 채우고 파고들어
비가 오면 나란히 줄 폭포가 흐른다
배가 보웬폭포 가까이 지나간다
옛 뉴질랜드 총독 보웬 경의 부인
그 이름 붙인 보웬폭포
한번쯤 여인의 우아한 흰 드레스 자락 우러러
그 옷자락 끌리는 부러움이 바다에 투신한다
백삼십여 년 전을 거슬러 들어가 본
보웬의 정상세계에서 나는 한동안 나를 잃어버린다

만추를 따라

나무들 깊은 사유에 빠져 있는 더 안 숲속으로
머뭇거리는 내 손을 이끌어 간다
가지가 뻗어가는 생각 끝 발부리에 내려
잃어버린 시간과 어린 날의 소중함들이 흩어져 있다
그 틈 사이로 경계 밖에 귀를 기대면
아무도 듣지 못하는 알 수 없는 기운이 뻗쳐온다
내 작은 하늘에 광활한 우주가 숲을 끼고 들어온다
다 늦은 나의 심장을 두근거리게 하는
나무숲 수런거리는 소리
빛과 어둠의 세계로 솟은
구름골을 헤매다 만추晩秋를 따라 돌아온다

먼 눈짓들

겨울밤
별과 나
하늘의 별 몇 개

수많은 별들을 묻어버린 밤하늘
어둠 속은 산을 꽉 채운 너덜이 일어선다
오늘 밤 별과 나
무한을 넘어 아득히 먼 눈짓을 한다
별 하나의 눈짓에도 내 마음 물살이 인다
내 어린 밤을 살랐던 수십 억 별빛들
가슴 가득한 내 하늘은 부신 빛의 바다였다

언제나 나를 향해 오는 어느 별의 눈짓
바람 한 자락이 스치어 흔들고 간다
이제 청명산 검은 등에 업힌 내 언덕
별과 나
세상과는 너무나 멀어진다

한눈에 내려 보이는 수원시내 세상의 먼 불빛들이 눈짓을 한다

다가설 수 없는 그리움

첫새벽 차를 달려 밀포드로 향한다
세계에서 가장 비가 많이 오는
밀포드사운드
연평균 강우량이 6,000mm가 넘는 우림지대
피오르드 국립공원 밀림 숲속에 들어선다
나무들은 모두 이끼 옷을 입어
나도 이끼 옷을 입는다
금세 발끝에서 손끝 머리끝까지
가슴 스멀스멀 눅눅한 술렁임이 번져 오른다
숲은 선명한 푸르름의 한나절
물을 따라간 수로에서 배를 타고 나간다
2백만 년 전의 빙하시대 몸짓의 서광
녹았다가 얼었다가 얼음이 조각한
한 몸이 반으로 갈라진 절벽 사이를 바닷물이 채운 강 계곡
이승 저승의 피안처럼 서로 다가설 수 없는 그 애틋한 그리움
그 눈물, 밀림 숲은 젖어들어 목마름 잊은 우림지대

■ 해설

원형적 이미지를 통한 세계와 삶의 인식

남송우

(부경대 국문과 교수, 문학평론가)

해설

원형적 이미지를 통한 세계와 삶의 인식

남 송 우
(부경대 국문과 교수, 문학평론가)

1.

김정완 시인의 시를 읽으면서 우선 떠오르는 생각은, 시란 무엇인가라는 시에 대한 근본적인 질문을 다시 새롭게 하게 된다는 점이다. 현대시는 다기다양한 방향으로 분화 · 진화되어 왔다. 시란 늘 새로움을 향한 시인들의 몸부림의 결과물이기에 변화해 갈 수밖에 없다. 그래서 시대마다 시는 형식과 내용에 있어 다양한 면모를 보여왔던 것이다. 그러나 아무리 시대가 변하더라도 시에 있어서 변하지 않는 몇 가지의 요소는 존재한다. 그 하나가 인간 감정의 발로라는 점이다. 시인이 세계에 대해 이해하고 느끼고 해석하는 바를 감성적으로 대응한 결과가 시라는 것이다. 이 점에서 동양문화권 속에서 일반화되어 있는 시경詩經에 나오는 시 3백여 편에 대한 정의는 아직도 유효성을 지닌다. 공자는 《논어論語 · 위정爲政》 편에서 '시경 삼백 편은 한마디로 생각에 사특함이 없다' (詩三百, 一言而蔽之曰 思無邪)고 했다. 사실 시경의 3백여 편의 시를, 공자는 한마디로 평하여 '사무사思無邪' 라고 평가한 것이다. 자의적인 측면에서 '사무사思無邪' 는 몇 가지로 논자들에 의해 해석되기도 하지만 크게는 두 가지의 방향으로 나뉘어 볼 수 있다. 우선 사思의 주체를 누구로 볼 것인가 하는 문제이다. 즉 누구의 생각인가 하는 점이다. 시를 창작하는 시인의 생각으로 볼 것인가 아니면, 그 시를 읽는 독자의 생각으로 볼 것인가 하는 점이다. 나머지 하나는 무사無邪의 내용을 어떻게 볼 것인가 하는 점이다. 윤리도덕적인 차원으로 이를 해석할 것인가 아니면, 느낀 그대로의 순수한 감정을 왜곡하지 않고 드러내는 것인가 하는 점이다.

우선 생각의 주체를 창작자로 볼 것이냐 수용자로 볼 것이냐 하는 점은 선후의 문제로 볼 수 있다고 본다. 창작자의 생각이 있어야 시라는 것이 생겨날 수 있기에 생각의 주체는 우선 창작자로 볼 수 있다는 것이다. 그러나 창작된 시는 독자와 만날 때, 시가 완성되기에 시를 읽는 독자들의 생각도 함께 해주는 것이 온당하지 않을까 하는 생각이다. 즉 창작

단계에서 시를 생각하는 사람이나 완성된 시를 감상하면서 시를 생각하는 사람이든 양쪽을 다 생각해볼 수 있다는 것이다. 그럴 때, 시의 의미가 더욱 풍성해질 수 있기 때문이다.

다음 사무사의 내용을 윤리적 측면에서 생각할 것이냐 아니면 감정의 순수한 상태의 발로로 생각할 것이냐 하는 점인데, 이 점도 시를 어떻게 생각하느냐에 따라 그 강조점은 달라질 수 있는 측면을 지니고 있다. 독자가 시를 통해 윤리도덕적인 효용을 기대한다고 하면 전자의 의미가 더욱 강조될 수밖에 없고, 시를 순수한 감정의 발로로 생각한다면 후자의 입장에 더 방점이 놓일 수밖에 없다. 그런데 어떤 시든지 시가 지닌 이런 양면적인 요소는 함축하고 있다는 점에서 '사무사'의 내용도 어느 일방향으로 규정하기에는 무리가 따른다. 그러나 시는 이 자체가 감정의 발로라는 점에서 순수한 감정을 드러내는 시적 요소는 더욱 강조되어야 할 점으로 보인다.

그런데 시가 지닌 이러한 감정의 발로라는 측면에서, 시의 출발은 이루어지지만, 이 감정 자체로는 시의 집을 짓지 못한다. 감정을 언어화해야 하는 다음 단계를 거쳐야 하기 때문이다. 이 단계가 감정의 이미지화라는 작업이다. 원론적인 이야기이지만 우선은 시란 이미지의 모색이란 점에서 산문과는 변별되는 요소를 갖는다. 시에 나타나는 이미지는 일차적으로 서술적인 차원도 있지만, 시적 감정을 좀 더 복합적으로 의미 있게 실어내는 이미지들은 시적 대상을 통한 이미지화이다. 시인의 감정과 세계 해석을 의탁할 수 있는 대상을 찾는 것이다. 그런데 순수시에서의 이미지는 원형적 이미지에 많이 의탁한다. 김정완 시인 역시 이번 시집에서 보여주는 이미지는 이러한 원형적 이미지가 빈번하게 출몰하고 있다. 그 원형적 이미지 중의 하나가 흰빛과 붉은빛 이미지다.

> 낮은 산허리 오르고 내리고
>
> 밤의 기척이 목 놓은
>
> 내 뜰의 고요
>
> 별 하나 기울어
>
> 코스모스 긴 목에 볼을 부빈다
>
> 슬프도록 맑고 고운 떨림이 발돋움하고
>
> 희고 붉은 가슴을 열어주는
>
> 달맞이 언덕

— 〈달맞이 언덕〉

김정완 시인의 시적 특성 중의 하나는 거의 모든 시들이 자연을 시적 대상으로 삼고 있다는 점이다. 높게는 하늘이 대상이 되기도 하고 낮게는 바다가 시적 배경이나 대상으로 등장한다. 그리고 지상에 존재하는 많은 자연들이 그의 시적 소재가 되고, 시인의 감정을 의탁하는 객관적 상관물이 되고 있다.

〈달맞이 언덕〉도 마찬가지다. 〈달맞이 언덕〉이란 자연 공간 속에서 시인은 자신의 감정을 흘러내리게 하고 있다. 밤의 기척이 목 놓은 고요한 뜰에서 시인은 가슴을 열고 있다. 그런데 중요한 것은 "희고 붉은 가슴"을 열고 있다는 점이다. 가슴은 인간의 감정의 발원처이다. 이곳으로부터 "희고 붉은 가슴"을 열고 있다는 것은 무엇을 의미하는가? 희고 붉은 색깔을 통해 감정을 이미지화하고 있는 것이다. 흰색과 붉은색은 시적 감정의 순수성을 대변할 수 있는 대표적인 색깔이다. 흰색이 지닌 순수성과 자연 그대로의 색감과 붉은 색이 함축하고 있는 정열이나 활기, 생명과 같은 상징성은 시적 감정을 실어낼 수 있는 근원적인 색감이다. 그러므로 시인의 가슴속에 있는 이러한 순수 감정의 상태를 열어주는 것이 〈달맞이 언덕〉이란 점에서 시인에게 있어 자연이 얼마나 크게 작용하고 있는지를 감지할 수 있다.

즉 김정완 시인에게 있어 자연이란 시적 감성을 열어주는 매개가 되고 있다는 것이다. 그러면 시인의 가슴에 품긴 희고 붉은 두 감성의 세계를 그의 시에서는 어떤 시적 대상을 통해 무엇을 어떻게 열어가고 있는지를 순례해 보고자 한다. 먼저 흰색의 이미지로 형상화된 시세계를 읽어본다.

2.

김정완 시인의 시에 나타나는 흰색의 이미지는 우선 하늘의 별 이미지를 통해 자주 등장한다. 그리고 하늘에서 내리는 눈을 통해 흰색 이미지를 부각시키고 있다. 먼저 별 이미지를 들여다본다.

아득하게 가물거리며 별 하나 내게로 온다
추운 겨울밤 내 가슴에 와 닿는 별과 나
내 눈을 부비며 찾는
그 별은 경계를 넘어 너무나 멀리 있다.
겨울 밤하늘 별은 유난히 작고 애처롭다.
천지사방 차가운 수묵水墨으로 젖어
텅 빈 어둠 속에
청명산은 잠들어
내 기대고 싶은 언덕은 등이 시리다
한때 시마詩魔에 이끌려 방황하던
남극南極이 지금 저 별빛 속에 보인다.

별 하나의 눈짓이
가슴을 저미는
별 하나의 눈짓

―〈먼 별 하나의 눈짓〉

시인의 눈에 들어오는 별 하나는 너무 멀리 존재하지만, 그 별은 시인의 가슴에 와닿는 별이다. 이는 시인의 가슴에 품고 있는 흰색 이미지의 감정을 가장 잘 드러내 줄 수 있는 매개의 하나이기 때문이다. 시인에게는 숙명처럼 따라다니는 순수세계의 이미지화를 상징하는 매개 중의 하나가 별이다. 그래서 시인에게는 "한때 시마詩魔에 이끌려 방황하던/ 남극南極이 지금 저 별빛 속에 보인다"라고 노래하고 있다. 시인이 겨울밤 텅빈 어둠 속에서도 빛나는 별에 관심하는 것은 별은 천상에 존재하는 가장 순수한 상징물이기 때문이다. 이 상징물은 시인의 가슴을 저미는 대상이며, 끊임없이 시적 상상력을 추동시키는 본질적 세계의 한 원형이다. 이러한 별이 지닌 상징성과 힘은 우리의 삶의 방향을 정향시키고, 나아가게 하는 근원적 힘이 되기도 한다. 흰색의 이미지가 지닌 정화의 힘을 별이 발휘하기에 고단한 인생의 삶을 위무하는 대상이 되기도 하는 것이다. 이런 차원에서 다음 〈국경 철교 침목을 밟으면서〉에서 만나는 별은 시인의 신산했던 과거의 시간들을 정화시키는 역할도 하고 있다.

북쪽 하늘의 별 하나와 나

멈출 수 없는 방황은 중국으로 향한다
대륙의 여름 하얼빈에서
나른한 오후 열차를 타고 하룻밤을 달린다
드넓은 대륙이 잠든 사이
지평선으로 이어진
옥수수 밭이랑을 열차 꼬리에 끌고 달린다
끝없이 달려온 중국 집안시와 북한 만포
압록강 국경을 이은 조중 철교 침목을 밟아간다
거기에서 살던 어린 나와 만난다
아버지 손잡은 어린 나는
삶과 죽음의 공포에 떨고 있다
8 · 15 해방의 무법천지를
압록강 국경 철교의 침목을 밟아 내려온
꿈같은 꿈이 수묵으로 젖는 찰나
나는 수원 청명산 어둠 속에 서 있다

다시 한 번 밤하늘의 별 하나 내 시린 가슴에 품어 안는다

—〈국경 철교 침목을 밟으면서〉

시인의 신난했던 유년의 삶이 그려지고 있다. 삶과 죽음의 공포에 떨어야 했던 지난 시간들은 어쩌면 어둠 속에서의 시

간들이라고도 할 수 있다. 그 어둠 속에서 찾아낼 수 있는 유일한 희망의 끈은 어둠 속에서도 빛나고 있는 별이 주는 희망의 메시지이다. 별은 어둠을 밀치는 힘을 지니고 있기 때문이다. 절망의 시간들 속에서도 희망의 끈을 놓지 않을 수 있었던 지난 시절의 북쪽 하늘의 별을 다시금 가슴 속에 안아보고 있는 시인의 심정은 별이 건네는 어둠을 초극하는 근원적 힘 때문이다. 이는 인간의 가슴속에서 작동하는 어둠을 넘어서고자 하는 근원적 힘이며, 삶의 역동성이다. 이렇게 별이 지닌 흰색의 이미지는 단순히 순수성의 세계만을 지향하는 선을 넘어, 어둠이 상징하는 부정적 현실을 초극할 수 있는 힘으로도 작동한다는 측면에서 그 의미가 확대되고 있다.

다음으로는 흰색의 이미지를 보여주는 눈을 살펴보도록 하자.

> 하늘의 숨결이 순백의 설원에서
> 어른어른 그 영원 속에
> 내린다
>
> 하늘과 바다
> 산과 길 다 지우고 이심전심
> 눈발이 내게로 와서 눈꽃을 피운다

모든 허물 다 지우려
오는 발자국 소리
세상을 다 지우고
한 삶을 지우고는
겨울 끝자락이
내 뜰에 피우는 희고 흰 설유화
내 울타리 안의 하늘 숨결 눈버들이여

— 〈하늘 숨결〉

하늘에서 내리는 눈을 하늘의 숨결로 인식하고 있다. 이는 별이 천상의 존재이듯이 눈 역시 천상의 존재라는 인식이 개재되어 있는 것이다. 이 천상의 숨결이 결국 온 세상을 다 지움으로써 모든 허물을 다 지운다고 시인은 노래한다. 온갖 잡탕으로 어지럽혀져 있는 세상을 눈이 덮음으로써 깨끗하게 정화해 버린 상태를 말한다. 이는 눈이 가진 가장 오래되고 근원적인 원형적 이미지이다. 별과 눈은 흰색 이미지라는 측면에서는 동일선상에 놓이지만, 그 역할은 상당히 다른 모습으로 나타나고 있는 것이다. 별이 어둠 속에서 빛나는 기능을 통해, 어둠을 초극할 수 있는 희망의 메시지를 전해준다면, 눈은 오염되고 더러워진 세상을 깨끗하게 정화하는 역할을 보이고 있는 것이다. 즉 별은 어둠을 밀치는 역할을 하고, 눈은 허물을 지우는 기능을 감당하고 있는 것이다. 그런데 눈은 허물도 지우고, 세상도 지우지만, 더 나아가서

한 삶을 지우고 설유화를 피운다는 점에서, 또 다른 모습을 내보인다. 그것이 겨울 끝자락에에서 이루어지고 있다는 점에서 신생의 이미지를 내보인다는 것이다. 눈은 허물을 지우고 세상을 지우는 것으로 끝나는 것이 아니라, 새로운 하나의 세계를 잉태하는 선으로 나아가고 있다는 점이 의미심장하다. 같은 선상에 놓여 있는 다음 시는 이를 좀더 구체화하고 있다.

긴 겨울 지나온 내 울타리에 눈꽃이 소복소복 쌓인다
첫봄 새싹들의 마음 갈피마다
눈물 글썽이는 하루하루 그대로
내 고요 안은 계절의 길목
아직 얼음 풀리지 않은 하늘 눈꽃의
청순함이여!!
눈부시게 봄볕 쏟아 붓는 해의 살들이
쌀밥 수천수만 개 붙인
가지마다 활처럼 휘어들어
비집고 또 비집어 겹겹이 좁혀 앉은
희고 흰 눈버들, 설류화雪柳花여!!
이 봄
지친 영혼의 마음 갈피마다
달빛이 고인 듯
눈꽃이 쌓인 듯

구름꽃 피는 사월 언덕의 눈버들이
가슴에 생명의 등불을 밝혀든다

— 〈눈버들〉

앞선 시에서와 마찬가지로 이 작품에서는 눈을 하늘 눈꽃으로 명명함으로써 천상적인 존재임을 그대로 이어오고 있다. 그리고 여기서는 허물을 지우는 눈의 이미지에서 벗어나 청순한 눈으로 이미지화하고 있다. 청순함은 나아가 생명의 등불을 밝혀줄 수 있는 매개로 작용하고 있다. 즉 "지친 영혼의 마음 갈피마다"에 쌓여 생명을 불러내는 신생의 촉매제가 되고 있다. 이는 앞선 시에서 확인한 허물을 지우는 선을 넘어서 새로운 생명을 촉발하는 눈이 되고 있음을 보여준다. 눈을 통한 이러한 새로운 생명에의 염원은 궁극적으로 시인의 가슴에 '궁극의 청정함을 간직하고 싶은' 욕망의 발현임을 알 수 있다.

비 개인 후 무한대로 맑은 하늘을 언제까지나 바라보고 싶다
잊혀진 기억의 태평양 하늘 위 속 하늘 그 하늘
희고 맑아 불가사의不可思議한 경지 그대로
하늘바탕에 수묵화를 그려 본다
수묵화 묵향이 자욱하게 번지는 여백에
살얼음 반질한 이월의 아침

창 너머 연분홍 매화꽃을 하늘에 상감해본다
천상은 만경萬頃으로 번져가는 보석 밭, 그 황홀을
첫눈이 내리는 설렘으로 바라본다
하늘마음에 떨림의 겹침으로 흰 눈이 내린다
백옥보다 맑고 고운 영혼의 푸른 숨결
궁극의 청정함을 간직하고 싶은 내 정신세계여!!
내 삶의 소이연所以燃인 것을
때 묻어 찌들어든 내 마음
내 의식 속 하늘에 또다시 흰 눈이 내린다
온 세상을 다 덮어 그 허물마저 감싸고 덮어주는
정화되어 맑은 마음바탕을 나는 회사후소繪事後素라 하고 싶다.

—〈회사후소繪事後素〉

위 시를 읽음으로써 눈을 통해서 시인이 궁극적으로 무엇을 지향하고 있었는지를 알아차릴 수 있다. "백옥보다 맑고 고운 영혼의 푸른 숨결/ 궁극의 청정함을 간직하고 싶은 내 정신세계여!!"에서 시인이 눈을 통해 드러내고자 한 시적 이미지의 본질이 드러난다. 그러므로 시인들의 꿈은 결국 가슴에 품고 있는 욕망의 세계를 시적 대상들을 이미지화해서 드러내고 있음을 확인할 수 있다. 별과 눈이 내재하고 있는 흰색의 이미지는 우리가 지향하는 순수세계의 지향이면서, 이들이 처한 하늘이란 장소성이 결합되면서, 별과 눈은 우리가 지향해야 할 현실 너머의 이상적 세계나 본질적 세계의 의미망도 함축하고 있는 셈이다.

3.

이제 김정완 시인의 시에 나타나는 붉은색의 이미지를 동백꽃을 통해 살펴보자.

별과 함께 김정완 시인의 시집에서 드러나는 또 다른 원형적 이미지는 동백꽃이다. 붉게 피었다 떨어져 내리는 동백꽃의 원형적 이미지는 붉은색이 지니는 열정과 순정을 우선 떠올릴 수 있다. 그래서 동백꽃은 순수한 사랑이란 꽃말이 붙여 있다.

한겨울 바람 길목
동백꽃이여
꺼져가는 별들이 스치어
휘몰아치는 섬 기슭 된바람이
아무도 아직 눈길 주지 않은
열일곱 앳된 가슴 꽃망울 흔들어
가슴의 멍울멍울 욱신거림이
점점이 불꽃으로 번져
초조한 마음 숨죽이고

막연한 기다림을 아울지 못한 사랑
한꺼번에 쏟아낸 붉은 그리움

가슴 붉어져 성숙해진 날
툭툭 내려놓은
가장 고운 모습 그대로
얼어드는 서글픈 소리의 살결들

그 고운 슬픔
선홍빛 소멸의 울림이여!!

—〈동백꽃〉

앞선 시들에서 읽었듯이 김정완 시인이 별과 눈을 노래한 계절이 대부분 겨울이었다. 그런데 동백꽃을 노래한 계절도 겨울이란 점에서, 김 시인의 의식 속에 잠재되어 있는 겨울이란 계절의 의미를 가볍게 볼 수는 없다. 겨울의 원형적 이미지는 고난, 질곡, 아픔, 시련 등 인생사에서 힘든 질곡의 시간대를 의미한다. 누구나 빨리 탈출해 나와야 하는 어렵고 힘든 시간대이다. 겨울을 지내며 빨리 봄이 오기를 기대하는 이유이다. 왜 유독 김정완 시인의 시에서 겨울이란 계절이 자주 출몰하고 있을까? 인생 누구에게나 다가오는 겨울이 있듯이 김 시인에게도 겨울 같은 시간들이 있었기 때문으로 보인다. 〈기억 속 얼룩〉에서 보이는 가족사에서 이런 혹독한 겨울의 시간이 있었음을 내비친다. "내 아픈 기억 속 막내는 겨우 네 살이었다 그때 사십의 내 앞길은 낭떠러지"였다는 고백에서 시인의 삶에서 어떤 겨울이 존재했는지를 상상할 수 있다. 그리고 〈간이역 길가에서〉에서도 "사십 년 전 그 시대의 가난은 명치끝이 아려오는/ 언제나 가파른 그냥 그 자리"라고 회고한다. 또한 〈성묘〉에서도 "나라 잃은 서러운 가난이/ 내 명치끝 멍울 하나로 남아/ 내 마음을 덮는다"라고 아픈 과거를 호출하고 있다. 이러한 지난 세월은 시인의 가슴속에 멍울진 겨울로 각인되어 있음이 확실하다. 그러면 이런 겨울을 견디며 꽃을 피우고 있는 동백을 통해 시인은 무엇을 노래하고 있는가? 우선은 위 시에서 힘든 겨울바람을 견디며 꽃을 피우고 있는 동백을 향해 "막연한 기다림을 아울지 못한 사랑/ 한꺼번에 쏟아낸 붉은 그리움"으로 그 사랑과 열정을 노래한다. "휘몰아치는 섬 기슭의 된바람"에도 흔들리지 않고, 붉은 그리움을 내면화하며 서 있는 사랑의 한 주체로 이미지화하고 있다. 그런데 중요한 것은 이러한 형상을 한 동백꽃이 떨어져내리고 있다는 점이다. 그 모습을 시인은 "고운 슬픔"으로 역설하고 있다. 곱지만 떨어져내린 슬픔을 간직한 동백꽃의 자태가 내보이는 형상에 공감하고 있는 것이다. 이런 동백꽃의 모습은 다음 시에서는 순절의 단계로 인식되고 있다.

남녘 바닷가 눈 내린 하얀 겨울 길목

동백 꽃잎마다 묻어나는 선홍빛 황홀로
바다는 흰 거품 물고 땡벌처럼 달려든다
기름 반질반질한 잎사귀들이 하늘을 가려
지천으로 키운 붉은 순절을
살을 베는 된바람이 몹시도 흔든다
겹겹으로 여민 가슴의 욱신거리는 멍울멍울
자연의 허파 속에서
호젓이 숨소리 움켜쥐고 울먹이다가
풋풋한 속살 점점이 붉혀
핏줄 일으켜 터지는 토혈일까?
동백 숲 타는 불꽃이
내 마음 불태우고
뚝뚝 저 내리는 슬픈 정한의 꽃
고운 얼굴 선명한 빛깔 그대로
한 생을 내려놓는 서글픔이여!!

춘희椿姬
내 회상의 길목 비운의 비올레타여

— 〈동백꽃이 벙그는 지금〉

앞선 시와 동일한 이미지의 선상에 놓이는 자태를 엿보게 하는 장면들이 연출되고 있다. 그런데 앞선 시에서보다는 좀 더 강렬한 이미지로 이어지고 있는 분위기를 읽어낼 수 있다. 즉 불타는 순정의 마지막이 어떻게 비운으로 끝나고 있는지를 의문종결형과 감탄어를 병용함으로써 강화하고 있다. 동백꽃 이미지가 중심인 두 편의 시에서 공통적으로 확인할 수 있는 것은, 붉은 동백꽃이 의미하는 원색의 이미지가 구현하고자 하는 바에 중심이 놓여 있는 것이 아니라, 강렬한 생명력을 지닌 동백꽃이 결국 떨어져내림에서 보여주는 비극성에 초점이 놓인다는 점이다. 겨울을 지나면서 새로운 생명의 신생을 꿈꾸고, 그 생명의 신생이 이루어지지만, 결국은 모든 생명체들은 소멸한다는 비극성을 몸으로 체득한 결과이다. 이 비극성은 시인이 그동안 살아오면서 경험한 다양한 삶의 공간에 대한 체험과 이곳들에서 경험한 뭇 생명체들의 순환원리를 터득한 결과로 보인다. 즉 생명의 생성과 소멸은 순환한다는 우주적 질서의 인식이다.

이러한 시인의 세계인식은 결국 자기자신을 돌아보게 하는 성찰의 계기를 마련한다. 자신의 현재의 삶을 객관화할 수 있는 시적 대상을 선택하고, 이를 토대로 자신의 삶을 투영시키고 있다. 이 시가 〈낙엽이 가는 길〉이다. 동백꽃이 불타는 듯한 열정을 내보이지만, 결국은 떨어져 내리듯이 모든 인생들 역시 언젠가 낙엽처럼 떨어져 내려야 한다. 인생 삶의 숙명을 노래하고 있는 이 시가 큰 울림을 주는 근원적 이유이다. 이는 김정완 시인의 그동안의 삶의 연륜의 깊이가 인생이 궁극적으로 가야 할 길의 방향성을 선명하게 보여주기 때문이다. 이 한 편의 시를 함께 읽는 것으로 김정완 시인의 시세계의 순례길을 마무리한다.

저무는 가을 낙엽 밟는 생명의 소리
길섶에 움츠리고 있는 몸짓들을
휘몰아 어디로 가고 있을 바람 발자국이
낙엽 밟는 소리

물기 푸른 한때 한여름 녹음 짙은 맑은 숨결이
내 마음에 내리는 초록의 힘이
바람이 불어오는 제 모습을 보여 준다
늦가을 가야 할 길을 내려 묵묵히 가는
낙엽이 가는 길

첫 햇살 수평선에 떠오르며 힘줄 뻗어
내 詩의 위의威儀를 구름 위 꿈같은 빛살로 풀어
내 한생을 돌아온 풀기 푸른 잎새 하나
저녁노을 설핏한 내 뜰의
마지막을 흔드는 여운으로 낙엽이 가는
낙엽 밟는 소리

길섶에 쌓인 낙엽 속 나의 부재를
생과 사의 길을 바람이 우는
11월의 낙엽보다 더 나약하고 무기력한 지금

낙엽이 가듯이 가는 길
저무는 저녁 길 낙엽 밟는 소리

—〈낙엽이 가는 길〉

경남시인선 156

바다, 비췻빛에 들다

김정완 제5시집

펴낸날 | 2013년 12월 20일

지은이 | 김 정 완
펴낸이 | 오 하 룡
펴낸곳 | 도서출판 경남

주 소 | 창원시 마산합포구 몽고정길 2-1
연락처 | (055)245-8818~8819
홈페이지 | www.gnbook.com
블로그 | gnbook.tistory.com
이메일 | gnbook@empas.com
등 록 | 제567-1호(1985. 5. 6.)
편집팀 | 오태민 | 심경애 | 구도희

ISBN 978-89-7675-890-3-03810

*이 책은 거제시 문예진흥기금을 지원받아 제작되었습니다.

〔값 8,000원〕